Victoriţa Duţu

Hay un Tú

Poemas

BUCAREST

2022

***

Hay un Tu
a cual el mundo mire
hay un Tu
alrededor de cual
el mundo está girando
El camina silencioso
hacia cada mirada
hacia cada paso
y el camino dejado
atrás
se convierte en luz

***

Ahora, el infinito es
Sólo un pensamiento
un estado de la mente
Que crea vías
Y el infinito infiltra
El sentir de la naturaleza
Haciendo lugar
A la luz
Tal como en el primer día

***

Este infinito
Es vivido
Intensamente
En lo que pertenece
A su mundo
La mano escribe
Las palabras clave
Y el alma
Comporta en él
El inconmensurable
de infinito
Que es Su
Paso
Hecho en
El mundo de los que
Son con
El hombre que
Crece en Ti
Con el alma
Infinito
En Tu
infinito

***

El infinito
Le has colocado
A Tus pies
Tu paso
Es el infinito
Del mundo.
Cada paso
Es Tu infinito
Y el mundo
Con el hombre dentro de él
Encuentra
En ti
Su infinito.

***

La palabra infinito
Construye el mundo.
Tú eres el gran Tú
Del nuevo mundo
El mundo es nuevo
Y, al mismo tiempo, antiguo
Porque
Tiene en sí mismo
Su eternidad
Construida por Ti
Tú, él que eres
De todos en todo
El gran Tú suyo

***

Tú eres sólo cielo
Un otro cielo
Más allá del cielo
Que trajiste
El cielo encima de nosotros
En nuestra
Materia interior
Y transformaste
El peso de la substancia
En la ligereza
Del cielo
Que levanta
A él
Todo lo que es celeste
Todo lo que es suyo
Y Tuyo
Derramado
Sobre el mundo
Convertido en
Substancia pesada
Que está buscando
La idea
Surgida
De Tus palabras
Hacia lo que es
A ser.

***

Él es el Novio del mundo
Que transforma
El mundo
En chispas de amanecer
Por
El cosmos viajero
Hacia la eternidad
Que habla
En el mundo de aquí
Sus
Palabras
Convertidas en milagro
De la naturaleza.

***

He aquí, el Novio viene
A la medianoche
Cuando la oscuridad
Es la mayor.
Penetras en el mundo
Trayendo la luz
Y construyas
Caminos de estrellas
De Tu corazón
A nuestro corazón
Para que
Podamos cantar
Y nuestra busca
Acabe
En Tu amor.

***

Tú en oscuridad
Cavaste
Puertas de luz
Y construiste
Puentes de sentido.
Tus palabras
Sembradas en el mundo
Hicieron crecer
Orgullosos jardines
A través de cuales las personas
Tuyas que se alimentan
De Tus palabras
Para disfrutarse en
Su belleza
Que Tú eres con ellos
Y ellos llevan su vida
En Ti.

***

En la oscuridad
De piedra
Sembraste
Tus palabras
Que son
Luz.
Todo lo que estaba oscuro
En la tierra
Se volvió
Igual al cielo
Lleno de estrellas
Alumbrado por la estrella
De Tu palabra
Sembrada sobre
La tierra vuelta
Jardín de estrellas
Que hacen que sea presente
La luz de
Tu palabra.

***

El cosmos entero
Parece a una célula
Alumbrada por dentro
Por Tu ley.
Las estrellas brillantes
Del horizonte
Son Tus palabras
Que brillan
Con el sentido
Concedido sobre la naturaleza
Que crece dentro de ellas
Para volverse aún mayor
En todo lo que Tú
Criaste
Para ser en el mundo
Del hombre de ahora
La mayor
Belleza del mundo
Para que el mundo
Por Tu palabra
Convierta en
La mayor alegría
De ser del mundo
En su eterno
Erigido por Ti
Y sostenido por Ti
Tú él que eres.

***

Un mundo entero
Te quiere
Todo lo que es pensamiento puro
Es Tuyo
Tú limpas el mundo
Por Tus palabras
Y todo lo que es puro
Regresa a Ti
Impoluto en
El mundo andando
A mano con Ti
Para que regrese
Más puro a Ti
Y mayor es la fuerza
De estar en el mundo

***

Eres el Novio del mundo
Que lleva su Novia
A si
Hiciste del mundo
Tu Novia
Y otro lugar
Le preparaste
En la naturaleza
Tú que eres luz
De luz
Para siempre escogido
En todos que son
De la naturaleza
Para que Tú
Sea
El mayor precio
Entendido.

***

He aquí, el Novio viene
A la medianoche
Erigindo
Puentes de luz
Por el universo
Camino de estrellas
Esparcido en el mundo
Y cada célula
De alma escoge
A ser de él
Mismo hacia
El camino hecho
Luz del corazón
De aquel que está buscando
Al amor
De Aquel escogido a ser
Camino y
Luz en los que son
Suyos
Traídos en la naturaleza
Por la palabra
De Su luz.

***

El corazón ha escogido a Ti
Tu es criador
De luces
El corazón escoge
Según su amor
Y su necesidad de felicidad
Y caminos de estrellas
Nacen del
Lugar donde erige Tú
Hacia Ti
Tú, el que eres.

***

Él es el Novio del mundo
Ofreciendo a ella
La Novia tan
Deseada
Chispas de amanecer
En su metamorfosis
Infinita
De lo que es
Ahora
Hacia el más allá
De los que
Están en el mundo
De hoy
Y el mundo de ayer.

***

Chispas de amanecer
Se arrojan en el mundo
Que las crece palabra
El mundo comporta
Luces
A través de los que hacen surgiendo
Luces sobre la naturaleza
Y, he aquí, ella
Viste ahora
Otro vestido
Vestida en todo lo que es
Suya.
Ella se vuelve
La Novia del amanecer
Andando con tan
Amor
Hacia su Novio.

***

Resplandece
El atardecer
Como si otro sol
Amaneció.
Todo lo que fue
Pasajero en el mundo
Desaparece y
Se metamorfosea ahora
En el gran sentido.
Tu palabra,
Del Novio,
Inunda el mundo
Con todo lo que
Creció en Ti
Por Tu palabra
criador
En el mundo
Que es Tuyo,
En Tu gran misterio
De ser en el mundo
Que Te sigue a Ti
Tú, su Novio.

***

Parece que los Cielos
Se separaron en dos
Y la Novia fue
Escapada
Del mundo que la dolía
A ser
Su existencia también
Claustrada ahora
Se transforma
En la alegría de
Ser la Novia que fue
Para ser con
Su Novio en el mundo
Que se convirtió en
Luz en él
Que crió el mundo
Sólo para luz
Para ser
Luz en
Su Eternidad.

***

He aquí, el Novio viene
Y pisa con
Chispas de infinito
Hacia el amanecer
Inconmensurable de la
Naturaleza y todo
Lo que estaba en la sombra
Del olvido
Se alimenta
Ahora del sentido
Del mundo de más allá del
Amanecer
Para ser la palabra
Que hace erigirse
Otros mundos de la
Luz
En todo lo que hay
Aquí y ahora.

***

Llevo dentro de mí
Un jardín escondido
Tus palabras
Me crecen de nuevo
Hacia lo que estoy
Ahora tan pequeña
En la naturaleza
Hacia Ti, yo, la que
Debe ser
La grande en el mundo
Vestido
Como yo
En Tu palabra.

***

El movimiento en circulo
Es uno infinito
A Tu alrededor
Tú, que eres el centro
De todo lo que hay
Pero cuando la distancia
Es tan grande en el tiempo
El tiempo vuelve
Por Ti en su camino
Trayendo el mundo
De nuevo a Ti
Tú, él que eres
Más allá de todo
Sentido del mundo.

***

El tiempo se volvió
Su mensajero
A través de cual el mundo
Viaje hacia Ti
Para cada alma
Hay un tiempo
Limitado en cual
El principio y el final
Tienen su último fundamento
Dentro de Ti

***

Un permanente tormento
Del tiempo que nos
Edifica en el
Mundo criado por Ti
Para que elevemos
Hacia Ti
Otros mundos
Y todo sea
Restaurado
En el mundo de la paz
Edificado por Ti
En nuestro camino
A través del tiempo
En la eternidad
Que Te rodea
A Ti, semejante a la
Luz que
Está girando a través del universo
Llevando vista
De todo lo que hay
Hacia su sol
Portador de
Luz.

***

Cada mirada
Suya
Arrojada sobre el mundo
Es una otra palabra
Que llega al corazón
Para que el corazón entienda
Su Ley portadora
De paz y
Su Paz eterna
El mundo camina
Transformada, he aquí, de nuevo
Por Su luz
pura
En Su novia
Que recibió
La bendición eterna
De vivir
En Su mundo
Restaurado
En fiesta.

***

El vacio de mí
Llenado por
La semilla
Palabra
Germinada
En la entidad dentro de mí
Para crecer
En el lleno
De Su grandeza
Conmigo
Transformada
En un nuevo
Lleno que llena
El vacio hecho
En el mundo
Para
Convertirse en
Una palabra
Tan hermosa
Suya
Colocada en el mundo
Con tan grandeza.

***

Colocas
Tus palabras
en lo que hay
para hacerlas
grandiosas
dentro de Ti

***

Buscando
En solitud
Tu paso
Desciendo con la mirada
Lentamente
Hacia la historia
Que se torna presente
En lo que hay
Corriente
En el mundo.
Sólo la mente está
Y a Su espera
Pura
Tu palabra
Se convierte en momento
De la semilla que crece
La mirada interior
Hacia Ti.

***

Liberado por
La carga del olvido
Tu palabra
Florece
Dentro de mí
Como un olivo.
Yo, elevada
De su sobra
Sobre mi
Me aferro de
Cada fruta
Y miro
La luz que el viernes
Es de Ti
Hacia el principio
De la Elevación
En Su luz.

***

Tu palabra
Es una fruta
Sembrada
Sobre la luz
Que se alimenta
De él para ser
A través de su luz
En la luz criada
Por Ti
La belleza que no
Se pone
Y no para
De su naturaleza
De ser.

***

Me elevo
De la sombra del desconocido
Que se sienta en
Mi corazón
Mi mente vigila
Hacia la luz
Y aferrada de los rayos
Del Sentido
Surgido de los puestos
Por Ti
En el mundo
Me elevo para ser
Lo que pudiera
Ser antes de ser
La sombra colocada
Hacia mí.

***

Vagando
Los sentidos
Como puertas
Giratorias hacia el cielo
Estoy girando
En la propia casa
De la mente
En cual vives
Y me llamas a ser
Digna de Ti
Porque
Te sentaste
Para ser
Habitante
En la casa
Del mundo

***

Un momento
De la historia
Miró
En mi ojo
Interior
Y nos miramos
Uno en otro
Yo, la de ahora
Y aquí
Y él momento
En mí
Como presencia
De todo lo que fue
Y será.

***

Un momento
De la historia
Miró
En mí y
Yo, una presencia
De todo lo que fue
Miré
A mi vez
Como un momento
Del olvido.
Nacieron
Como de un
Momento
Dos mundos
Que comenzaron
A crecer
Uno hacia el otro.
Yo, como un mundo interior
Y él, uno
Exterior
Venido hacia
Mí, yo
El derramado
Dentro de la
Mirada
Hacia el momento
Desde entonces

***

¡Qué se convirtió
Ahora!
Y aquel momento
Me rodeó
Misteriosamente
Con la luz de la
Palabra
Signo
Y yo en mí
Vi como
Comenzó
A elevarse
Un nuevo mundo
De la palabra
Que sembró
En la elevación del mundo de mí
Su Luz
Convertida en camino
En mi mirada
Dentro de mí
Hacia la mirada
Convertida en momento
En el tiempo
Que nos ha reunido
Juntos
En su elevación

***

Ese momento
Travesando
La historia con fuerza
Me dejó
A alejar el tiempo
Como dos ventanas
Abiertas
Travesadas
Por dos cortinas azules
Que dejaron la luz
A penetrar en mí
Y el camino
Comenzó a surgir
De mi mirada
Hacia el primer día del mundo

***

Hiciste
Un paso
En el primer día
De la historia
Y de la tierra
Giró
Inversamente
A Tu alrededor
Todo lo que fue
Desde entonces
Mirada en el mundo
Se purificó
En él a través de
Tu palabra.

***

¡Mi alma es un pájaro
Mi mirada
Otro pájaro
Mi pensamiento
Un nuevo pájaro
Y todos estos
Pájaros se sientan
En las ramas de un árbol
Que creció
En Tu floresta
Dónde la luz
No se pone!!

***

Y sin embargo, la luz parte
Y siempre regresa
Es alejada por
La necesidad de dormir del pájaro
Y, cuando se despierta
Sueña otro mundo
Porque no olvidó
En el sueño
De su país lejano donde
debe
Siempre volver.

***

Viajo con
El pájaro de mi pensamiento
Hacia la tierra
Del pensamiento viajo con
El otro pájaro
Mío
Hacia la tierra
De la luz
La palabra se convierte en
Aquel deseado haciendo
crecer palabras
Y en la luz
De las palabras signo
Todas se convierten en un
Viaje
Hacia el mundo
De principio
Del cual surge
La luz
Sin ponerse.

***

Las piedras de la
Existencia
Son los peldaños de la
Inmortalidad
Se encienden
Paso a paso
Piso
Por uno con tan
Cuidado para no
Moverlo
Del lugar
En cual está
Este sostiene
Por su fuerza
Un sentido
Inquebrantable
De la existencia
Y hago con cuidado
Pasos uno tras otro y
Transformo el espacio
Como lugar arriba
Hacia lo que está
Como por este
De la piedra

Inmovible
La antorcha apunte
Hacia el horizonte
De la naturaleza
Que tiene en él
Tu canto
Como puerta de pasaje
De los abismos
Hacia Ti.

***

Tu palabra
Es piedra
Edificada en la base
Del mundo
Cada palabra
Es un lugar
Como punto de pasaje
Hacia un nuevo mundo.
Miro con tan confianza
En algo desconocido
Sé que es como
Tu mirada
Apuntada hacia
El mundo
Cuando todo se calla aquí
Se oye la luz
Chapoteando ligeramente
El rocío de Tu amanecer
Sobre el mundo
Que tiene en sí
A la persona
¡Como la flor más preciosa
En Tu palabra!
Todo restaurado
En Ti, mira
De nuevo

Como la primera vez
Y la palabra
Que se convirtió en persona
Siembra en el mundo
El poder de mirar
En los que hay
Y en la fuerza de ser
Como al principio
En mundo.

***

En cada punto
De la mirada
Hay un centro de fuego
Piso hacia mí
Con temeridad
Y el pensamiento espera
A ser penetrado
Yo pisando
En el camino dentro de la naturaleza
Y el camino recibiéndome
En su naturaleza
Para que con cada
Paso hecho con
Miedo en el mundo
Busque la palabra
Sembrada en
Lo que hay
Y pronunciando
Las palabras en mí
El camino me lleva
Hacia lo que hay
Suyo puesto
Desde el principio en el mundo
El camino es uno de los
Infinitos que tiene

Su final en la palabra
Suya, que hizo
El mundo a través de palabras
Para que me convierto en
Una palabra Suya.

***

El camino me recibe
Para ser en silencio
Una palabra Suya
En lo que hay
Como si creo
Una flor en el mundo
Y todo lo que hay
Es Suyo y
Coloco una flor
De la palabra
De mí
Al lado de la flor
Del mundo convertida en palabra
Palabra criadora
Hacia Él
Como un nuevo mundo.

***

Eres el criador
Del Árbol
Y otra persona el jardinero
Soy sólo la que miro
A entender la palabra
Que me eleva
Flor en el mundo
Y para Ti,
Dios,
¡Para florecer!!

***

El alma está a la frontera
Entre el mundo finito
De aquí y el mundo
Infinito que le espera
Y el alma es aquel
Que trae el infinito
De la luz en el finito
Del mundo concreto de
Aquí
La frontera de la forma
Marca la relación
Entre algo de ahora
Con algo infinito de
Afuera.

***

Soy una forma
Apuntada
En el muro del mundo
Yo forma
En el mundo
Experimentando
El limitado
Y yo forma finita
Soñando
El infinito
En sus márgenes
Con el deseo
De andar
Del interior
Limitado
Hacia el incomensurable
De afuera.

***

Atrapada entre dos
Limites, la palabra
Se retuerce
En sí.
Mira entre
izquierda y derecha
Arriba y abajo
Y el lugar que
Ve no le sostiene
Porque,
En su naturaleza,
Busca otro lugar
Y otro espacio
En el mundo.
Su determinación
Es vacía de
Contenido.
Estoy escondiéndome
En la frontera dcl mundo
Y miro el vacio criado
Por la palabra que
Debería erigir.

***

Otros mundos
Y el mundo que
Podría ser
No está
En su edificación
Ella, la palabra
Requiere su derecho
De ser una
Orden en el espacio que le comporta
Para que el espacio
Se vuelva lleno
En el vacío que se cree
Ser
Dueño sobre
El mundo.

***

Liberado por la búsqueda
Del Mundo
La palabra
Penetra en el mundo
Con otro cielo
Como si sería
Sola en el mundo
¡Oh! Y cuántos cielos veo
Reflectados en el gran
Cielo como un lecho
Por encima de los horizontes
Sentado para hacer
Sendas hacia lo que
Puede ser
Sólo el punto
De fuego
Del principio
De mundo.

***

Construyo con
La mano caminos de cielo
Un nuevo cielo aparece
Aún así
Más arriba hasta
Que la luz se
Construye a sí
Para crear grandiosa
Otro cielo y
Aún así más
Lejos aún
Más arriba
Aún más alto
¡Es el siguiente cielo!
¡Señor!
Cuánto belleza
En ese crecimiento Tuyo
Infinito
Sentado en el mundo
De Tu Grandeza
Para que Tu sea
Su único incentivo

***

Soslayo el sentido
Con la mirada.
La mente y el cielo
Del alma
En su marcha
Hacia aquel que
Construyó los cielos
Como peldaños de fuego
Hacía Él.

***

Cada cielo
Es un otro infinito
Y cada peldaño
Es de nuevo infinito.
El camino hacia Él
Es un infinito en todo
Y este marcha
Es infinita
Porque Él
Construyó por el
Mundo
Camino de infinito
En el asentamiento del mundo.

***

Construyó
Su infinito
Colocado
A Su pies.
El cielo infinito
Hacia cual volamos
Es el cielo
En cual Él pisa.
Le llamamos
Camino de Su marcha
Pero Él es más allá
Del camino que
Buscamos con
La mirada en el espejo
Del alma
Que se mira en él
Para ver
Su camino, del alma, de
Su paso hecho
En el espejo del cielo para que
Desee
Volar hacia Él
¡En la mayor
Belleza del mundo!!
¡Dios!
Hazme no tener más miedo.

***

Hizo
De cielo como
Una ropa de
Su pies
Hizo del infinito un camino
Por Su creación.
Hizo
Caminos infinitos
En el cielo de la alma
Del primer
Momento
De Su nacimiento en
El mundo hacia el futuro
Que le comporta
Presente
En el infinito
De Cielo
Que le trae en el alma
Como presencia
Eterna en
Los que son
Suyos
¡En el mundo criado
Por Él!

***

¡Construyó
Del cielo
Ropa de Sus
Pies!
Hizo del cielo
Su infinito
Construyó
El cielo eterno en el mundo
¡Hizo
Camino de infinito
En el cielo!
El infinito es el camino
En el cielo del alma
Desde Su nacimiento
Hasta ahora.
Todo se convierte en momento
Eterno en el mundo
Porque construyó
El principio en
El infinito con los
Que son suyos
En el mundo.

***

Construyó del cielo
Ropa de Sus
Pies
El mundo es un paso
Suyo
Cada paso Suyo
Sobre el mundo
Es Su
Palabra
Sobre lo que hay
Y Él sostiene por
Su paso en el mundo
El mundo en sí
En Su palabra.
El hombre mira ese paso
Con grandeza.
La belleza de sus pasos
Es llena.
Todo es reorientado
A Él y todo lo que hay
Se convierte en el cielo dentro de
Sí para que todo
Corra hacia Su luz
Y la persona sea grandeza en el
mundo.

***

Un sentido
Del mundo
Infinito
Sobre el mundo
Piedra en el fundamento
Como una parada
De infinito
En lo que hay
La piedra sostiene
La iglesia en el mundo
Y la novia
Anda con cuidado
Reina
Hacia su Novio
Teniendo el infinito
En la mano
Izquierda.

***

Sentido buscador
Hacia un sentido
Más profundo
La piedra espera
En su permanencia
A construir en la
Luz
Puertas hacia el inconmensurable
Todo erigido
En luz
Y la piedra es
Signo
Hacia el inconmensurable.

***

La iglesia está erigida
En la piedra de la creencia
Su fuerza es el gran
Mensajero
Ella es consistencia
De un lugar
De luz
Y su asentamiento
Es el principio
En el gran sistema
De la luz
Que corre sobre todo
En el mundo
Teniendo a través de sí
En unidad
El mundo en su
Metamorfosis en lo que
Hay para
Querer
Conocer.

***

"Sobre esta
Piedra
Edificaré mi iglesia"
Tu palabra
Erige el sentido del mundo
Sobre Tu palabra
El mundo se erige
De los fundamentos
Tu iglesia
Es unidad en el mundo
El mundo entero
Es Tu iglesia.
El alma baila
En lo creado
Por Ti
Todo es
Infinito
En su orden
Eres Él que
Coloca
El Infinito en el mundo
Eres el infinito
De todos
¡El infinito es Tuyo!

***

Nacido en una
Orden silenciosa
Todo se descubre
Lentamente por sentido.
Pronunciar es sólo
La mirada muda
Y todo se revive
Lentamente, como al principio
Donde sólo
El alma mira
Mudo de
Belleza
El mundo que le
Coloca presente
En lo que
Le concierne a Él
Con felicidad escondida.

***

El alma es
Sólo viajero
Entidad escondida
Con revestimiento
Asombroso de la materia viva
Atraviesa mundos
Limitados hacia
El inconmensurable
Y vive
De las eternidades
El mundo de principio
Hacia el que
Volteará
Teniendo el futuro
En sus manos
Portadoras de paz

***

Mensajero del infinito
En el mundo
Vive con poder
Cada ocultación
Incomprensible
Y la tiene a él
Con el mayor
Secreto, haciendo
El infinito aún más
Presente
Por Su ocultación
en lo que
Es limitado
En el mundo.

***

Aquel credo
Del mundo
Grita en mí
Soy
El credo del mundo
Envuelto
En ideas
Como si el mundo
Dentro de mí
Encuentra
Un nuevo mundo
Y transformados
Por sentidos
Los mundos
Nacen en ellos
En otros
Nuevos mundos

***

Un algo misterioso
Construye en mí
Y escondo
Conmigo
En la palabra
De ayer
Y todo
Me transforma
En todo
En la palabra
Dentro de mí
Que construye
Su casa
En el día de ayer.

***

La casa de hoy
Es erigida
En los pasos
Hechos ayer
Y el paso de mañana transforma
El mundo de hoy
En una
Nueva casa
Erijo
Nuevas casas
De lo que
Tengo hoy
Y cada
Habitación me vive
En todo
Hacia la casa
Palabra
Que erigen
Las manos
En la palabra
De hoy.

***

La casa de
Hoy
Es la tierra
Entera
Viajera
En el camino
Desconocido
Del infinito
Parece permanecer
En Su movimiento
Mudo
Y cuantas edificaciones
Llevan en él
Casas que esconden
Eternidades
Que se
Descubrirán
En la profundidad
De vivir
En la casa
Del cielo
Reflectada hacia Él
Como una nueva casa.

***

Casa de
Cielo
Hice también
El futuro
De ella
Me concierne
A mí
La de ahora
Del pasado
Y él
extiende su mano
Hacia su nueva
Casa
Envuelta en la
La luz
De Aquel sin
Principio.

***

"En la casa de mi Padre
Hay muchas
Mansiones"
Y ellas miran
Del futuro
Que seguirá
Hacia el pasado
Que ahora
Es hoy.
Ningún signo
No hace la eternidad
De aquel de la
Espera
Que todo lo que hay
Hecho de
Luz
Erija-se
En el futuro
Nuevo,
En la eterna
Casa.

***

La habitación
Es el espacio
Llenado
Por el espirito
Del pensamiento
Sin tiempo
La habitación
Es el estado
De estar
Cerca de Él
Que
Vivió un tiempo
En el reino
Habitual de las
Personas
Que se convirtió
Sólo en historia.
El paso hecho
Cerca de Él
De lo que está aquí.
El concreto
De hoy
En la habitación
De la luz
En sus momentos
Construido
Para nosotros
En Su
Nueva casa.

***

Los caminos
Se cruzan
Entre ellos
Un exterior
Venido de afuera
Consumido al
Interior
Por fuego
Que quema
Su luz
Para que
Brilla
Hasta más allá
De lo visto
Hacia el misterio
Donde
Sólo su mundo
La esconde
Haciéndola reina.

***

Eres
El algo
Desconocido
A ti mismo.
En ti
Se cruzan
Varias vías
Y qué dolorosas
Vuelvan
En ti
Cuando
Debes
Atravesarlos
Las paralelas
Que luchan
En ti
Para ganar.
En dos es aplastada
Por la palabra
Envuelta en luz
Y la luz
Vuelve escondida
En la palabra
Haciendo de
Su camino

Conquista en ti
El escondido
Visto en
Él que es
Sólo Luz
De la gente
En su
Fe pura.

***

El lugar
Es el remo
Que me lleva
En las olas.
Todo lo que vivo
Me hunde
En él
Y difícilmente
Veo el camino
Envuelto
En luz
Por la palabra ocultada
Escondiendo
En ella
La luz de su
Eternidad pura.

***

Cuánta mezcla
De sentimiento
En estas palabras
Y sólo una
Única es salvadora.
Su concreto
Es fundido en luz
Convirtiéndose en el mundo
Nuevo como en el
Mundo
Primordial

***

Miras
Con miedo
En la palabra
Que te oculta
Tímida
Y cuanta gracia
Presiona
Tu luz
Te conviertes
En secreto
En una palabra
Que envolvió
La luz
De su mundo
Puro.

***

Creces en
La luz de la palabra
Que se oculta
Y sólo miras
Y te elevas
Y el silencio
Vuelve aún mayor
En el exterior sorprendente
De tan concreto
Esperando a ser
Lavado
Por tu paso
Aumentado
En la palabra
Ocultando luz.

***

El concreto de aquí
Es desconcertante
Te mira silencioso
Con tan deseo
De cambio
Te enseña
Silencioso
Cuán grande
Es cada
Punto de la vivencia
Y te espera
A pisarle
Transformándole en su pasaje
En el camino
Buscador de
Sentido en la luz
Surgida de la
Luz pura.

***

Todo es
Compuesto
Por palabras.
Estas son
Las semillas de divino
Y se convierten a través de
Ti en otros mundos
Y los mundos a su vez
Florecen en semillas
Que crecen por ti
Floreciendo y
Aún más
Otros mundos.

***

Cada
Peldaño
Es una concepción
Igual a
La concepción
Primordial.
Algo grandioso
Nace en ti
Y te construyo
Por ella
La grandeza sembrada
En ti.

***

Descubres
Ahora
Como por
Primera vez
Que eres palabra
Y tus palabras
Son una casa distinguida
Estas te hacen a ti
La habitación
De tu pensamiento
En la maravilla de ser
A su
Casa
En casa con Él
Tal como Él
Te edificó
Desde el principio
Tu gran casa.
Mira
Como construyeron
A través de ti
Las palabras
Y cuan belleza tienes
Edificado

Por Su
Palabra que
Te ha guiado
En el camino
De vuelta
A tu
Casa

***

Qué maravilla
Fue
Para ti
El camino de inicio
Regresado a
Casa y todos los pasos
Fueron
Solamente las palabras
Que vistieron
La luz
De Sus palabras.

***

Cada paso hecho
Por la vía de la naturaleza
Es la palabra
Envuelta
En un misterio
Escondido
Que se dice
Al interior
De la vivencia
Haciendo posible
El nacimiento
De un nuevo principio.

***

No temas
No temas
No sea consumido
Por el miedo
No temas
Por
Tus palabras
Que te edifican.
Escucha sólo
La palabra
Que en secreto
Llama
Y haga lugar a la luz
Como en ese día
De los principios.

***

Difícilmente
Naces
De palabras
Eres sólo espíritu
Y por eso
Tan silencioso
Invisible
Vives lo natural
Asustado por el mundo
Detrás a
Ti miras
Y viajes
Con pasos rápidos
A la palabra
Que te edificó
Luz
Desde el principio.

***

Tú luz
Vestida
En palabra
Dijiste
A la luz
Tus palabras
Y todo lo que era
Palabra
En ti
Se dijo
A él mismo
Palabra
Por primera vez
En la mirada del mundo
Desde el principio.

***

Tu paso
Se convirtió
En el mundo en
Palabra

Victoriţa Duţu es graduada de las Facultades de Matemáticas, 1995 y Filosofía1999, en la Universidad "Al. Ioan Cuza "Iaşi. Es profesor de matemáticas, titular en la Escuela Secundaria Teórica "Traian" en Bucarest. Ha ganado premios de poesía y ha realizado exposiciones de pintura en el país y al extranjero. En matemáticas le apasionan los espacios infinitamente dimensionales. *Embajadora de la Paz dentro de la Organización Internacional " The Universal Circle of the Ambassadors of Peace " desde el 8 de enero de 2011. * Miembro de honor de la Casa de Cultura Naji Naaman - Líbano y de varias sociedades de poesía en el extranjero. Expuso en Nueva York Artexpo Pier 94, una de las ferias de arte más grandes del mundo, en 2015, en la "Oxford

International Art Fair 2015, en la Brick Lane Gallery - Londres, Viena, AUSTRIA en la Galería "Time", 2014, Chouzy -sur-Cisse, centro de Francia, en el Museo "Matra" y en la Biblioteca "Jacques-Thyraud" 2014. Expuso en Sanremo, Italia, durante el Festival, en la Galería "La Bonbonnire" 2013, en Polonia y Suiza 2007.

www.ingramcontent.com/pod-product-compliance
Lightning Source LLC
La Vergne TN
LVHW010453160826
845677LV00012B/2465

* 9 7 9 8 8 4 3 3 8 3 6 6 4 *